글 장선혜

한국외국어대학교에서 신문방송학을 공부했으며, 현재 출판기획사 '하늘땅' 대표로 있습니다.
쓴 책으로는 〈수학나라 이야기쟁이〉, 〈과일 사세요〉 등이 있으며,
〈탄탄 수학동화〉, 〈꼬꼬마 과학자〉, 〈참 똑똑한 사회씨〉, 〈미술관에 간 꼬마 피카소〉 등
여러 가지 시리즈를 기획하고 집필하였습니다.

그림 이상윤

서울에서 태어나 대학에서 일러스트레이션을 전공하고, 지금은 프리랜서 그림 작가로 활동 중입니다.
그림두루마리전, 출판미술가협회전 등 많은 전시회에 참여하였습니다.
그린 책으로는 〈선미의 가을 편지〉, 〈나는 딸이야요〉, 〈누가 놓고 갔을까〉, 〈코끼리〉,
〈얼음골에 봄이 왔어요〉, 〈분홍돼지 얼룩돼지〉, 〈어린 왕자〉, 〈샤갈〉 등이 있습니다.
우리 아이들의 감성을 발달시키는 그림을 그리기 위해 항상 즐겁게 작업하고 있습니다.

감수 신항균

성균관대학교 대학원 수학과를 졸업했습니다.
공군사관학교와 우석대학교 교수를 역임했고,
미국 애리조나 주립대학교 수학과 교환교수로도 활동한 바 있습니다.
지금은 서울교육대학교 수학교육과 교수로 재직 중이며,
동 대학교 초등수학교육연구소장으로 있습니다.
또한 서울교육대학교 영재교육원 운영위원으로도 활동하고 있습니다.
초등학교와 중학교, 고등학교에 이르기까지 수학교과서 집필책임교수로 활동했고,
저서로는 〈수학사와 수학이야기〉, 〈클릭 수학나라〉, 〈영재들의 1등급 수학교실 시리즈〉가 있습니다.

1단계 많다 적다 같다 05

노랑 창이 더 좋아

글 **장선혜** 그림 **이상윤** 감수 **신항균**
펴낸곳 **(주)아람키즈** | 펴낸이 **이소영** | 주소 **서울특별시 성동구 성수이로 147 아이에스비즈타워 2F**
고객센터 **1644-4521** | 팩스 **02-468-5548** | 홈페이지 **www.aramkids.co.kr** | 출판등록 **제2020-000011호**
기획 편집 디자인 **(주)아람키즈 하늘땅**
ISBN **979-11-6543-546-2 979-11-6543-509-7(세트)**

노랑 창이 더 좋아

글 장선혜 · 그림 이상윤 · 감수 신항균

아람키즈

새로 ***이사**한 우리 집.
동생과 내가 같이 쓰게 될 방이야.

동그란 *창이 두 개나 있어.
파랑 창, 노랑 창.
"파랑 창은 내 거야."
"난 노랑 창이 더 좋아."

그때 동생의 노랑 창에 나비가 **둘**.
내 파랑 창에 잠자리가 **셋**.
"우아, 나비다."
"우하하, 내 창에는 잠자리가 셋인걸.
노랑 창에 둘, 파랑 창에 셋이면
내 잠자리의 수가 **많다**!"

난 갑자기 기분이 좋아졌어.
어느새 잠자리도 나비도 날아가 버렸어.
그래도 역시 파랑 창을 ***고르기**를 잘했어.

그때 노랑 창에 강아지가 **하나**.
파랑 창에 고양이가 **하나**.
"우아, ***귀엽다**."
"노랑 창에 하나, 파랑 창에 하나면
둘이 **같네**."

그때 노랑 창에 있던 강아지가 파랑 창으로 왔어.
"파랑 창에 둘이고, 노랑 창에는 아무것도 없어.
내가 또 **많다**, 하하하."

나는 신이 나서 저녁밥을 먹는데
동생은 밥도 먹는 둥 마는 둥.
내가 너무 심하게 놀렸나?

동생은 밤새 끙끙 ***앓았어.**

나 때문일까?

내일 아침에 파랑 창을 동생에게 줄까?

다음 날 아침, 나는 일찍 일어났어.
그리고…….

동생이 눈을 떴어.
"노랑 창을 봐.
무당벌레가 **많아**.
파랑 창에는 **적어**.
노랑 창이 더 멋진걸."
동생은 그제야 ***활짝** 웃었어.

엄마가 보기

수의 '많다 적다 같다'를 알아보아요

연산을 배우기 전에 일대일 대응을 하며 수의 기초를 다집니다. 그리고 일대일 대응을 통해 수의 '많다, 적다, 같다'를 익히게 되지요. 아직 5까지 세지 못하거나 수량 대응을 하지 못하는 아이들도 아주 간단한 방법을 이용하여 두 수가 많거나 적음을 혹은 같음을 알 수 있습니다. 각각의 두 수에 해당되는 사물들을 양쪽에 놓고 하나씩 대응해 봅니다. 즉, **하나씩 짝을 지어서 남는 쪽이 '많은 쪽'**이고, **남지 않는 쪽이 '적은 쪽'**이라는 것을 가르쳐 주세요. 그리고 그 남은 수만큼이 뺄셈의 결과라는 사실도 깨달을 수 있도록 지도해 주세요.

아직은 아이들의 수학적 이해가 깊지 않은 단계이므로, 5 이하의 개수로 놀이를 하는 것이 좋습니다. 양쪽의 사물을 하나씩 짝을 지어 보았을 때 양쪽 다 아무것도 남지 않는다면 **'같다'**라고 한다는 사실도 알려 주세요.

파랑 창과 노랑 창이 있어요

파랑 창에는 잠자리가, 노랑 창에는 나비가 있어요.
잠자리와 나비의 수를 세어 □ 안에 숫자를 쓰고 수가 더 많은 쪽을 말해 보아요.

아이와 함께 하기

함께 해 보아요

곶감이 매달려 있어요. 양쪽의 곶감을 하나씩 짝 지어 보고 알맞은 표현에 ◯ 해 보아요.

노랑 줄에 곶감이 **셋**　　　파랑 줄에 곶감이 **셋**

- **노랑 줄과 파랑 줄에 매달린 곶감의 수가 같아요. | 달라요.**

누나와 함께 쿠키를 만들어요. 누가 만든 쿠키의 개수가 더 많은지 이야기해 보아요.

쿠키를 예쁜 도시락에 담아요. 누구의 도시락에 담긴 쿠키의 개수가 더 적은지 이야기해 보아요.